Sarita Ortiz

APULEYO EDICIONES   FOMENTO DE VALORES   CUENTOS ILUSTRADOS

¿Qué miedo llevas en tu corazón?

APULEYO EDICIONES   FOMENTO DE VALORES   CUENTOS ILUSTRADOS

A mis Volador@s, que son mi sustento del alma, a mi pareja por acompañarme en mi vida Bohemia, a mis amigos por quererme como soy y a mi madre por ser mis alas.

Las mañanas en el cole empiezan con poco silencio, entre bullicios y alborotos cuesta concentrarse. La falta de atención no hace fáciles las clases a nuestra profe. Por momentos la obediencia brilla por su ausencia.

—¡Vosotros tenéis la posibilidad de estar aprendiendo! ¡Otros con vuestra edad tienen que ir a trabajar! —dice la profe sin levantar la voz, pero llena de razón.

Se hizo un silencio y los más charlatanes agacharon la cabeza.

Por fin la clase va cogiendo ritmo, en los ejercicios todos somos partícipes y tenemos la oportunidad de compartir nuestras opiniones sobre el tema que estamos estudiando. Eso hace más amena la clase y mucho más dinámica.

El problema viene siempre cuando Martín quiere aportar su valoración e ideas respecto al asunto sobre el que estemos hablando.

Nunca le dejan terminar, su particular forma de hablar, hace que se exprese de una manera diferente, pero no incorrecta.

Martín es único.

No puede decir una frase entera sin que le interrumpan y nota como se burlan de él queriendo disfrazarlo de ayuda. Alguno hasta le imita por lo bajo y la profe se decepciona con ciertas actitudes.

Martín aparenta una serenidad asombrosa, y aunque en sus ojos se intuye tristeza, él guarda la compostura.

Al sonar la campana, siempre se despide, y nunca recoge sus cosas hasta que la profe no dé por finalizada la clase. Le parece una falta de respeto hacia ella, pero esta vez se ha ido el primero y sin decir nada...

Hoy Martín no ha venido al cole, me parece raro porque él nunca falta. Seguro que está malito. Bueno, mañana volverá y así hablaré con él, me encanta su compañía, compartir la merienda y las charlas en el recreo.

Ya es el segundo día consecutivo que no lo veo. El pupitre de Martín está vacío. Ahora entiendo que algo pasa. ¿Quizás está pensando en cambiar de cole? ¿O tal vez se le han acabado las fuerzas y está llorando? ¿Podré hacer algo por él?

Se me pasan tantas cosas por la cabeza...

Definitivamente los dolores del alma no son los mismos para todos. Parece que nadie lo echa de menos.

Al llegar a casa sentí unas ganas muy fuertes de llamar a la suya.

La clase estaba vacía sin él. A Martín no le da vergüenza preguntar cualquier duda y le encanta aprender. Como dice nuestra profe:

—El que no pregunte siempre se quedará con la duda.

Al final, la mayoría teníamos las mismas preguntas y aprendíamos gracias a sus ganas de saber.

Espero que al irme a la cama se alivie el revoltijo que siento en mi corazón y que pasea por mi cuerpo haciendo varias paradas; temblores de manos, pensamientos melancólicos, dolor de barriga y todas esas emociones empañan mis ojos y siento angustia.

Han pasado varios días, pero hoy por fin nuestra profe vino con noticias de Martín...

—Ha sufrido un golpe de tristeza —dice la profe—. El médico le ha diagnosticado con los siguientes síntomas: varias dosis de rechazo, cuarenta frascos de lágrimas amargas y un cambio de color al corazón —añade—. La fórmula para su recuperación serán varias tomas de empatía, mucha cantidad de cariño, escucha y respeto —dice suspirando y doblando la receta.

Por primera vez, siento que algo ha cambiado en el ambiente, todos en mayor o menor medida están afectados. Porque en el fondo todos tenemos un corazón y queremos que nos quieran.

Impulsada por mi revoltijo, que ahora de repente se ha convertido en fuegos artificiales, propongo entre cabriolas y espasmos, que cada uno de nosotros le dediquemos unas palabras bonitas. Nunca solemos decir lo bueno, ahora es el momento para demostrarle a nuestro compañero lo mucho que lo añoramos.

Y todos dejan su coraza a un lado y escriben con más entusiasmo que nunca. La profe está muy orgullosa, lo sé. Le guiño, con el ojo con el que se guiñar, y ella me sonríe. Ahora sé lo que es la complicidad.

Las múltiples cartas de cariño, perdón, ánimo y comprensión se las entregué a la mañana siguiente.

Al cruzar la puerta de la habitación del hospital un imán de polos opuestos se apoderó de nuestros brazos. Y nos fundimos en un estrujón que duró varios segundos. Hasta las cartas, globos y serpentinas volaron por la habitación.

Martín al leerlas no pudo levantar la mirada y dos gotitas ca-
yeron al mismo compás encima de uno de los dibujos, destiñendo
un poco la tinta del mar. Un mar al que prometimos ir juntos
algún día.

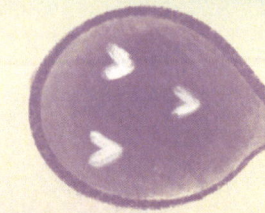

El día que Martín volvió a clase todos nos levantamos a aplaudirle, por su valentía, fuerza y tenacidad.

Él, muy agradecido, saludó a cada uno de sus compañeros.

Martín tiene un brillo especial. Y la tartamudez no es ningún impedimento para conseguir sus sueños y transmitir su mensaje, su lección de vida. Todos deberíamos aprender de ello.

Detrás de cada corazón hay una historia escrita, no cuesta nada ser amable o tener un gesto de ternura.

¿Y tú? ¿Qué llevas escrito en tu corazón?

© Sara Gutiérrez Ortiz (de la obra)
© Apuleyo Ediciones (de esta edición)
Primera edición en Apuleyo Ediciones: Febrero 2025
Diseño de cubierta: Alejandro Rosas
Corrección: Aitor Andreu Guerrero
Maquetación: Alejandro Rosas
Ilustraciones: Elaís Andrade
Coordinación editorial: Isidoro Cidre González
info@apuleyoediciones.com
www.apuleyoediciones.com
ISBN: 978-84-1060-427-8
Depósito legal: H 508-2024

Hecho e impreso en España.